사랑이 어떻게 그대에게 왔던가요

Und wie mag die Liebe dir kommen sein

사랑이 어떻게 그대에게 왔던가요

라이너 마리아 릴케 지음 | 장혜경 옮김

바케북스

작가 소개

라이너 마리아 릴케(1875~1926)는 오스트리아 출신의 시인이자 산문가로, 20세기 유럽 문학에서 가장 섬세하고 영적인 시 세계를 구축한 인물로 평가된다. 프라하에서 태어나 군사학교에 입학했으나 중퇴하였고, 대학에서 철학과 미술사, 문학을 공부하며 예술적 기초를 다졌다.

폴 발레리, 앙드레 지드를 포함한 많은 문인, 예술가들과 교류했는데 특히 자신의 뮤즈로 삼은 루 살로메와의 만남, 러시아 여행을 통한 레프 톨스토이와의 교유 등은 그의 작풍에 많은 영향을 끼쳤다. 파리에서 조각가 오귀스트 로댕의 비서로 일한 경험 역시 관찰적·사물지향적 시 세계로 전환하는 계기가 되기도 했다.

  릴케는 인간의 내면, 사랑, 고독, 존재의 신비를 시적인 언어로 탐구하며, 감각과 사유의 경계를 넘나드는 독자적인 시 세계를 열었다.

《형상시집》,《기도시집》,《신시집》 등의 시집을 펴냄으로써 점점 인정받기 시작한 릴케 문학은 《두이노의 비가》와 《오르페우스에게 바치는 소네트》에서 정점에 이른다. 이 두 작품은 인간의 유한성과 예술의 초월성을 동시에 노래한 걸작으로, 언어가 신비와 존재의 경계를 매개할 수 있음을 보여준다. 릴케 시는 단순한 서정만이 아니라, "세계가 스스로를 말하도록 하는" 언어의 형식으로 존재한다는 찬사를 받는다. 릴케는 1926년 스위스에서 백혈병으로 세상을 떠났다.

차례

작가 소개
4

1장 반짝반짝 은빛 옷을 입은 밤이
9

2장 사랑이 어떻게 그대에게 왔던가요?
31

3장 우리의 첫 침묵은 이러합니다
53

4장 나를 부르는 그대의 나지막한 목소리
71

옮긴이의 글
92

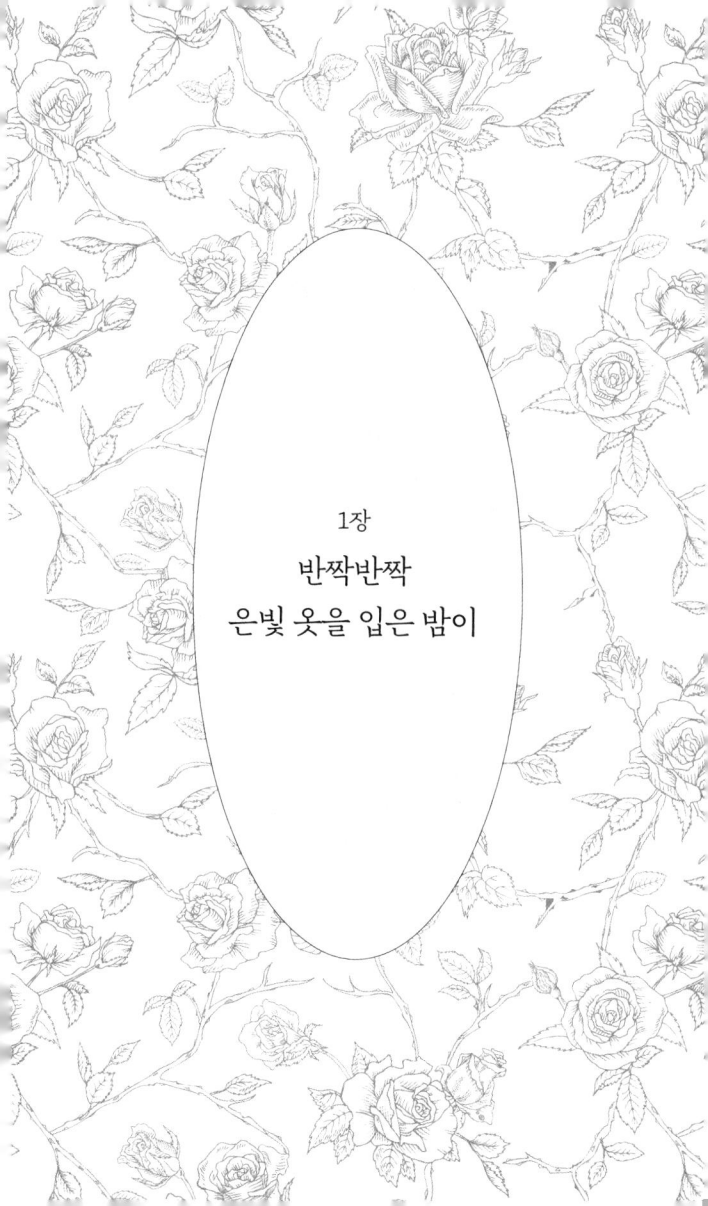

1장
반짝반짝
은빛 옷을 입은 밤이

고요
Die Stille

들리시나요. 사랑하는 이여.
나는 두 손을 들어 올립니다.
들리시나요. 손을 드느라 바스락대는 소리가.
고독한 이의 그 어떤 몸짓인들
수많은 사물이 엿듣지 않을까요?
들리시나요. 사랑하는 이여.
나는 눈을 감습니다.
그것 역시 당신에게로 가는 소리입니다.
들리시나요. 사랑하는 이여.
나는 다시 눈을 뜹니다.
그런데 왜 당신은 여기 계시지 않나요?

아무리 작은 나의 움직임도
비단 같은 고요에 자국을 남깁니다.
아주 작은 설렘도

부푼 저 먼 곳의 장막에 또렷이 새겨지지요.
내 숨결을 따라 별이 뜨고 집니다.
향기는 저를 마시라며 내 입술로 다가오지요,
나는 저 먼 곳 천사의 손목을 알아봅니다.
그것만 생각할 뿐.
나는 당신을 보지 못합니다.

《형상시집Das Buch der Bilder_1906》

반짝반짝 은빛 옷을 입은 밤이
Die Nacht im Silberfunkenkleid

반짝반짝 은빛 옷을 입은 밤이
한 줌 꿈을 흩뿌립니다.
나는 깊은 영혼을 가득 채운
그 꿈에 흠뻑 취합니다.

화려한 빛과 황금빛 호두가 넘쳐나는
크리스마스를 목 빼고 기다리는 아이처럼
나는 오월의 밤을 걸어
꽃잎마다 입 맞추는 당신을 바라봅니다.

《꿈의 왕관을 쓰고 Traumgekrönt_1897》

그리움이란
Das ist die Sehnsucht

그리움이란 일렁이는 파도를 타며 사는 것.
시간 속에 집을 짓지 않는 것.
소망이란 나날의 시간이 영원과
나지막이 이야기하는 것.

삶이란 어제로부터
모든 시간 중 가장 외로운 시간이
솟아오를 때까지
다른 자매들과는 다르게 미소 지으며
침묵으로 영원을 맞이하는 것.

초기 시 모음집
《나의 축제를 위하여 Mir zur Feier_1899》

이별
Abschied

이별이라 부르는 것을 나는 어찌 느꼈던가요?
어떻게 여태 그것을 알고 있을까요?
암울한 것, 잊지 못한 것,
잔인한 그 무엇을, 아름답게 맺어진 것을
다시 한번 보여주며 기대를 품게 하고는,
갈가리 찢어버리는 그것을.

나는 얼마나 무방비로 그 이별을 바라보았던가요?
모든 여인이 그러하듯, 나를 부르며 떠나보내고
뒤에 남지만
작고 하얄 뿐인 그 이별을.

손짓, 이미 나와는 상관없는 하나의 손짓
가만히 계속 흔드는 하나의 손짓 —
그러나 이미 더는

의미가 없습니다. 어쩌면

뻐꾸기 한 마리 황망히 날아가 버린

자두나무였을지도 모르지요.

《신시집 Neue Gedichte _ 1907》

석상의 노래
Das Lied der Bildsäule

소중한 제 목숨을 버릴 만큼
날 사랑하는 이 누구인가요?
어느 한 사람 날 위해 바다에 빠져 죽는다면
나는 돌에서 풀려나 다시
생명으로, 생명으로 되살아날 겁니다.

들끓는 피가 그립습니다.
돌은 너무도 조용합니다.
나는 생명을 꿈꿉니다.
생명이란 멋진 것이니까요.
용기 내어 나를 잠에서 깨워줄 이는
정녕 없는 건가요?

온갖 금빛 찬란한 것들을 선사해 줄
생명을 얻는 날

나는 나의 돌을 애도하며
혼자서 울고 또 울 겁니다.
피가 있다 한들 포도주처럼 익는다면 다 무슨
소용인가요?
그 피로는 나를 가장 사랑했던 그 한 사람을
소리쳐 바다에서 불러낼 수 없을 텐데요.

《형상시집 Das Buch der Bilder_1906》

그대 곁은 아늑해요
Bei dir ist es traut

그대 곁은 아늑해요.
먼 옛날에서 울려오듯
겁먹은 시계가 종을 치는군요.
내게로 와서 사랑의 말을 들려주세요.
하지만 너무 크게는 말고요.

꽃잎이 휘날리는 저 바깥
어딘가에서 문이 하나 벌컥 열립니다.
저녁이 창에 귀를 대고 엿듣고 있네요.
우리 조용히 있어요
그러면 아무도 우리를 모를 거예요.

《강림절Advent_1898》

시인
Der Dichter

그대 시간이여, 그대는 내게서 멀어집니다
그대의 날갯짓이 나를 후려쳐 상처를 냅니다.
허나 나의 입을 어찌하면 좋단 말입니까?
나의 밤은?
나의 낮은 어찌해야 한단 말입니까?

나는 사랑하는 이가 없습니다. 집도 없고
살 곳도 없습니다.
나를 제물로 받은 모든 것들은
풍성해져서 나를 내어놓습니다.

《신시집 Neue Gedichte_1907》

서시
Initiale

묻지도 따지지도 말고 언제이건
당신의 아름다움을 내어주세요.
당신은 아무 말 하지 않아도
당신의 아름다움이
당신을 대신해 나 여기 있노라 말할 겁니다.
그리고 수천 배의 의미가 되어
마침내 모든 이에게로 전해질 겁니다.

《형상시집 Das Buch der Bilder _1906》

사랑 노래
Liebeslied

내 영혼을 어찌 붙들어야

당신에게 닿지 않을까요?

어찌해야 내 영혼이 당신을 넘어

다른 것들에게로 드높이 솟구친단 말인가요?

아, 차라리 어둠 속 잃어버린 것들 곁에

내 영혼을 간직하고 싶습니다.

당신의 저 깊은 곳이 울려도 따라

울리지 않을 낯설고 고요한 장소에.

하지만 당신과 나, 우리를 스치는 모든 것은

두 개의 현으로 하나의 소리를 자아내는

활 연주법처럼 우리를 한데로 합칩니다.

우리는 어느 악기에 매인 줄인가요?

어떤 연주자가 우리를 손에 쥐고 있나요?

오, 달콤한 노래여.

《신시집 Neue Gedichte _1907》

잠드는 그대의 귓가에
Zum Einschlafen zu sagen

누군가 노래 불러 재워주고 싶습니다.
누군가의 곁에 앉아 머물고 싶습니다.
당신을 어르며 가만히
노래 불러주고 싶습니다.
잠이 들 때도 잠이 깰 때도 당신과
함께이고 싶습니다.
이 집에서 지난밤이 추웠음을 아는
단 한 사람이고 싶습니다.
당신의 마음에, 세상에, 숲에
가만히 귀 기울이고 싶습니다.
시계들은 종을 쳐 서로를 부르고
사람들은 시간의 바닥을 들여다봅니다.
저 아래에선 여태 모르는 남자가 지나가며
모르는 개를 건드립니다.
그 너머로 사방이 고요해집니다.

나는 크게 뜬 눈동자를 당신에게로
기울입니다.
눈동자는 당신을 부드럽게 붙잡다가
어둠 속에서 무언가가 움직이면
당신을 놓아줍니다.

《형상시집Das Buch der Bilder_1906》

불안에 떠는 그대여,
　　내가 여기 있습니다
Ich bin, du Ängstlicher

불안에 떠는 그대여, 내가 여기 있습니다.
온 감각으로 그대에게 부딪쳐 부서지는
나의 소리가 들리지 않나요?
날개를 얻은 나의 감정들이
새하얗게 그대의 얼굴을 맴돕니다.
내 영혼이 보이지 않나요?
고요의 옷을 입고서 당신 앞에
바짝 서 있는 내 영혼이?
나의 봄 기도는
나무와 같은 당신의 눈빛으로
여물어가지 않나요?

그대가 꿈을 꾼다면 나는 그대의 꿈입니다.
그러나 그대가 잠을 깨려 한다면

나는 당신의 의지가 되어
온 세상의 영화를 잠재우고
시간의 괴팍한 도시 위에서
별의 고요처럼 완성될 것입니다.

《기도시집 Das Stunden-Buch_1905》

당신이 왔다 갑니다
Du kommst und gehst

당신이 왔다 갑니다. 문이
훨씬 더 부드럽게 닫힙니다.
바람도 거의 일지 않네요.
당신은 고요한 집들 사이를 거니는
세상에서 가장 조용한 사람.

우리는 너무도 당신에게 길이 들어
책에서 고개 들지 않습니다.
당신의 그림자로 푸른 물이 들어
그 책의 그림들이 아름다워질 때면,
사물은 언제나 당신의 소리를 내니까요.
한번은 나지막이, 한번은 커다랗게.

이따금 생각에 잠겨 당신을 바라볼 때면
당신의 수많은 모습이 멀리 퍼져나갑니다.

당신은 빛나는 노루 떼처럼 걸어가고
나는 어둡습니다. 나는 숲입니다.

당신은 수레바퀴, 나는 그 곁에 서 있습니다.
당신의 수많은 검은 축 중에서
하나가 연신 무거워져서
내게로 더 가까이 굴러옵니다.

그러면 나의 온순한 마음이
자꾸만 자꾸만 자라납니다.

《기도시집 Das Stunden-Buch _ 1905》

밤이 몰래 커튼의
주름을 헤치고 들어와

Die Nacht holt heimlich durch des Vorhangs Falten

밤이 몰래 커튼의 주름을 헤치고 들어와
깜빡 잊고 그대 머리카락에 남겨둔
햇살을 가져갑니다.
보세요. 그대 손을 잡을 수만 있다면 나는
아무 여한이 없습니다.
그 손을 잡고 가만히, 착하게,
평화롭게 있을 수 있다면.

그리하면 내 영혼은 자라나 일상을
산산조각 내고 넓게 넓게 퍼져나갈 겁니다.
그리고 아침노을에 붉게 물든 내 영혼의
부두에서 무한의 첫 파도가 사위어가겠지요.

《강림절 Advent _1898》

내 눈빛을 끄세요
Lösch mir die Augen aus

내 눈빛을 끄세요.
그래도 나는 당신을 볼 수 있습니다.
내 귀를 막으세요. 그래도 나는 당신의 목소리를 들을 수 있습니다.
발이 없어도 당신에게 갈 수 있고
입이 없어도 당신을 부를 수 있습니다.
내 팔을 부러뜨리세요. 나는 손으로 잡듯
심장으로 당신을 붙들 것입니다.
내 심장을 틀어막으세요.
나의 뇌가 고동칠 것입니다.
당신이 나의 뇌에 불을 지르면
나는 당신을 내 피에 실어 나를 것입니다.

《기도시집 Das Stunden-Buch_1905》

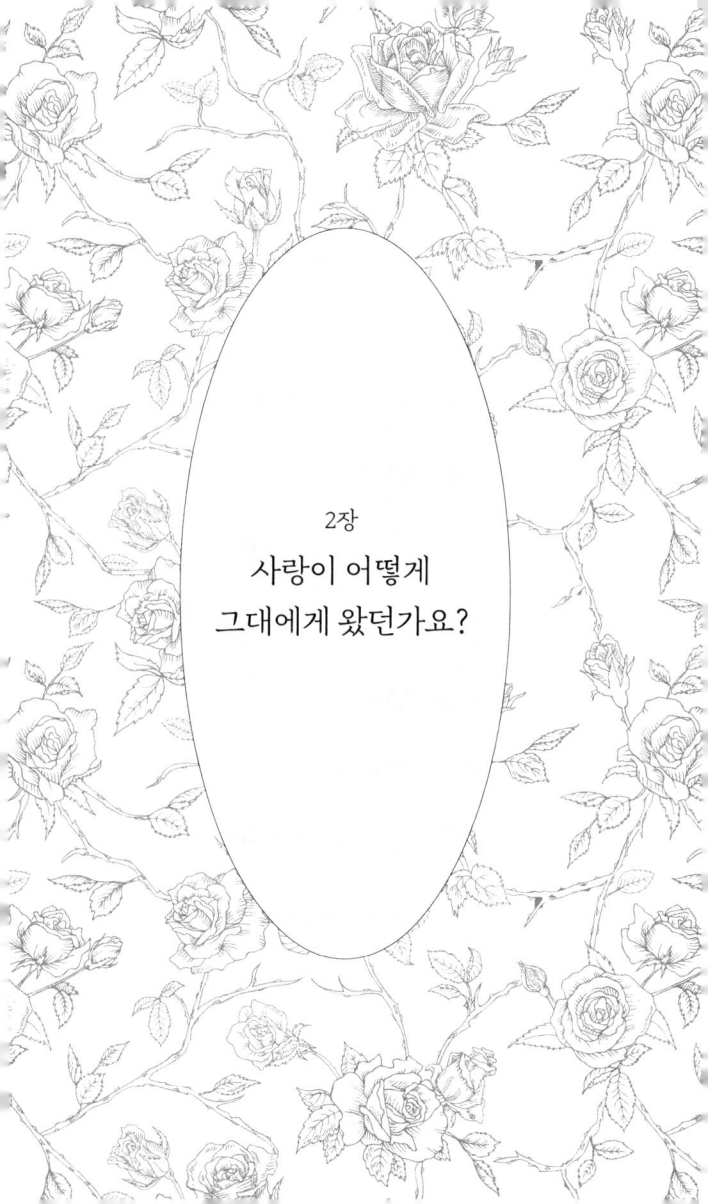

2장

**사랑이 어떻게
그대에게 왔던가요?**

사랑의 시작
Liebesanfang

오 미소, 첫 미소, 우리의 미소.
그 하나의 미소는 어떠했던가요?
보리수 향기를 들이마시고
공원의 고요에 귀 기울이다 문득
서로를 바라보며 흠칫 놀라
미소를 머금습니다.

그 미소에는 추억이 담겨 있습니다.
저 건너편 풀밭에서 뛰어놀던
토끼 한 마리. 그것은 우리의 미소에 어린
순수함이었습니다.
잠시 후 백조가 움직이며 호수가
두 쪽의 소리 없는 저녁으로 갈라지던 순간
어느 사이 우리의 미소에는 숙연함이 깃들고,
이미 어둠을 알리는 맑고

자유로운 하늘을 향해

뻗은 우듬지의 가장자리는

황홀한 미래를 꿈꾸는 얼굴의 미소에

선을 그었습니다.

《후기시집Spätgedichte_1934》

사랑에 빠진 여인
Die Liebende

이것은 나의 창문. 나는 이제 막
살포시 잠에서 깨어났습니다.
두둥실 떠다니는 기분입니다.
어디까지가 내 삶이고
밤은 어디서 시작되나요?

지금도 주변 모든 것이 여전히 나라는
생각이 듭니다. 크리스탈의 심연처럼
투명하고 어둡고 고요하지요.

별마저 내 안에
담을 수 있을 것 같습니다. 내 심장이
그만큼 큰 것 같거든요.
그래서 내 가슴은 그렇듯
기꺼운 마음으로 다시금 그를 놓아주었습니다.

어쩌면 내가 사랑하기 시작했던 사람,
어쩌면 내가 붙잡기 시작했던 그 사람을.
한 번도 기록된 적 없다는 듯 낯설게
나의 운명이 나를 빤히 쳐다봅니다.

나는 이 영원 아래로 무엇을
밀어 넣었던가요?
풀밭처럼 향기를 풍기며
한들한들 흔들리고

외쳐 부르면서도 누군가
그 외침을 들을까 겁내며
다른 이의 가슴에서
침몰하도록 예정된 나는.

《신시집 별권Der Neuen Gedichte anderer Teil_1908》

다른 이야기
Ein Anderes (4)

무거운 걸음으로 아들이 아버지에게로
다가갑니다.
차마 떨어지지 않는 입을 힘겹게
열고서는……
"뭐. 그게 참말이냐? 신붓감이라고?
어서어서, 데리고 들어오너라!"

처녀는 난생처음으로
얼굴이 빨개져서 아무 말도
못 하고 서 있습니다.
아버지는 안경을 닦습니다.
"세상에, 어쩜 이리도 잘 골랐누!"

아버지가 활짝 팔을 벌리고
신부는 어쩔 줄 몰라 하며

아버지의 키스와 축복을 받습니다…….
낡은 옛집은 그걸 다 보았지요.

     《가신에게 바치는 제물^{Larenopfer}_1895》

자홍색 장미 다발을 엮어
Purpurrote Rosen binden

자홍색 장미 다발을 엮어
내 책상에 올려두고 싶습니다.
그리고 보리수나무 아래를 헤매다가
어디쯤에서 한 소녀를 만나고 싶습니다.
몽상을 좋아하는 영리한 금발의 소녀를.

그녀의 두 손을 부여잡고
그녀 앞에 무릎 꿇고 싶습니다.
그리움으로 창백한 나의 입에
그 입술의 키스를 받고 싶습니다.
봄 그 자체인 입술의 키스를.

《강림절 Advent_1898》

그대는 미래, 장대한 아침노을
Du bist die Zukunft, großes Morgenrot

그대는 미래, 영원의 평원 위로
떠오르는 장대한 아침노을입니다.
그대는 시간의 밤이 가고 들려오는 닭 울음소리,
이슬, 새벽 미사, 소녀,
모르는 남자, 어머니, 죽음입니다.

그대는 달라지는 모습입니다.
언제나 홀로 운명을 박차고 솟아올라
원시림처럼 환호도 한탄도 받지 못하는
빈 종이입니다.
본질의 마지막 말은 입을 다무는,
다른 이에게는 늘 다른 모습이 되어
배에게는 해안이 되고, 육지에게는 배가 되는
사물의 깊은 진수입니다.

《기도시집 Das Stunden-Buch_1905》

사랑이 어떻게 그대에게 왔던가요?
Und wie mag die Liebe dir kommen sein?

사랑이 어떻게 그대에게 왔던가요?
태양처럼 왔던가요? 꽃보라처럼 내렸던가요?
기도처럼 왔던가요? 말해보세요.

행복 하나 반짝이며 하늘에서 내려와
날개를 접고
활짝 피어나는 내 영혼에
커다랗게 걸렸습니다.

하얀 국화가 핀 날이었지요.
그날의 진한 화사함에 더럭 겁이 났는데……
깊은 밤 그대 이윽고 내게로 와
내 영혼을 꼭 안아주었습니다.

너무 겁이 났는데 그대 소리 죽여

다정히 찾아왔고

마침 꿈에서 나 그대를 생각하고 있었답니다.

그대 오시자 꿈의 선율처럼 나직이

밤이 울려 퍼지네요…….

《꿈의 왕관을 쓰고 Traumgekrönt_1897》

신부
Die Braut

나를 불러요. 사랑하는 이여.
큰 소리로 나를 부르세요.
당신의 신부를 이토록 오래 창가에
세워두지 마세요.
오래된 플라타너스 가로수 길엔
이제 저녁도 잠이 들어
인적이 끊겼습니다.

당신이 오시어 나를 밤의 집에
붙들어두지 않으신다면
나는 내 손을 뿌리치고
쪽빛 뜰로 나가
나를 쏟아낼 수밖에요.

《형상시집 Das Buch der Bilder _ 1906》

오월의 하루를 그대와
함께하고 싶습니다
Einen Maitag mit dir zusammen sein

오월의 하루를 그대와 함께하고 싶습니다.
서로에게 푹 빠져
향기 뿜는 불꽃처럼 쭉 늘어선 꽃들 사이로
하얀 재스민 만발한 정자(亭子)까지
거닐고 싶습니다.

거기 앉아 오월의 꽃을 바라보면
마음에선 온갖 바람들이 숨을 죽이고
그 꽃들 한가운데에서 행복이 집을 짓습니다.
큰 행복이, 내가 바라는 그 행복이……

《꿈의 왕관을 쓰고 Traumgekrönt_1897》

소녀의 모습들
Als du mich einst gefunden hast

당신이 나를 만났을 그때
나는 너무도 작아서
보리수 가지처럼
그저 가만히 그대 안으로 꽃피어 들어갔지요.

너무 작아 이름조차 없던 나는
그대 말해주길 간절히 기다렸습니다.

"그대가 너무도 커서
어떤 이름에도 담을 수가 없어요"라는
그 말을.

이제 나는 내가
신화와 오월과 바다와 하나임을 느낍니다.

그대의 영혼에는 내가

포도주 향기처럼 무겁다는 것을……

초기 시 모음집
《나의 축제를 위하여 Mir zur Feier_1899》

당신은 너무도 거대하기에
Du bist so groß

당신은 너무도 거대하기에
나는 당신 곁에 서기만 해도 소멸합니다.
당신은 너무도 어둡기에 당신의 옷자락을 비춘
나의 작은 빛은 아무 의미도 없습니다.
당신의 의지는 파도처럼 밀려가고
그 파도에 빠져 모든 나날이 익사합니다.

나의 그리움만이 당신의 턱밑까지 솟구쳐올라
당신 앞에 가장 위대한 천사처럼 우뚝 섭니다.
낯설고 창백하며 아직 구원받지 못한 천사는
당신에게 제 날개를 내밀지요.

달이 해쓱하게 스쳐 지나던
그 끝없는 비행을 더는 바라지 않습니다.
세상일이라면 모르는 것이 없으니까요.

천사는 불꽃 같은 날개를 펴고
당신의 그늘진 얼굴 앞에 서서
날개의 하얀 빛에 비추어
당신의 잿빛 눈썹이 자신을 꾸짖는지
보려합니다.

《기도시집 Das Stunden-Buch_1905》

봄을 그대에게 보여주고 싶습니다
Will dir den Frühling zeigen

수많은 기적을 낳는
봄을 그대에게 보여주고 싶습니다.
봄은 숲에만 깃들 뿐
도시에는 오지 않습니다.

차가운 골목길을 멀리 나와
손을 맞잡고
둘이서 걸어가는 사람만이
언젠가 봄을 볼 수 있을 겁니다.

《강림절 Advent_1898》

나는 이토록 말이 없습니다
Ich bin so still, du Traute

그대, 사랑하는 이여,
나는 이토록 말이 없습니다.
언제나 우리는 침묵하지요.
그대는 가녀린 류트,
봄이 그대를 켭니다.

그대, 고운 이여, 내가 이토록 말이 없는 것은
그대의 사랑스러운 노래에서 흘러나오는
한 음절이라도 잃어버릴까
자꾸 마음이 불안하기 때문입니다.

《그대의 축제를 위하여 Dir zur Feier_1897~1898 작성 시》

여기 이 노란 장미
Die Rose hier, die gelbe

어제 그 소년이 내게 준
여기 이 노란 장미
오늘 나는 그 장미를
갓 만든 소년의 무덤에 바칩니다.

장미 이파리엔 여전히
영롱한 물방울이 맺혀 있지만, 보세요!
어제는 이슬이었으나
오늘은 눈물입니다.

《꿈의 왕관을 쓰고 Traumgekrönt_1897》

시간이 우리를 다시 갈라놓아도
Ob auch die Stunden uns wieder entfernen

시간이 우리를 다시 갈라놓아도
활짝 꽃 피운 나무 밑에서 그랬듯
우리는 늘 꿈에서 함께 합니다.
시끄러운 말일랑 잊어버리고
별이 별 이야기를 하듯 우리는 우리 이야기를
할 겁니다.
활짝 꽃피운 나무 밑에서 그랬듯
시끄러운 말일랑 잊을 겁니다.

《그대의 축제를 위하여 Dir zur Feier_1897~1898 작성 시》

3장
우리의 첫 침묵은
이러합니다

우리의 첫 침묵은 이러합니다
Und so ist unser erstes Schweigen

우리의 첫 침묵은 이러합니다.

우리는 바람에게 몸을 던지고

오들오들 떨며 나뭇가지가 되어

오월의 소리에 귀 기울입니다.

거기 길 위로 그림자 하나 드리우면

우리는 쫑긋 귀를 세웁니다.

빗소리가 들리네요.

온 세상이 비를 향해 자라납니다.

비가 가는 걸음에 다가가고 싶어서지요.

초기 시 모음집
《마리아에게 드리는 소녀들의 기도
*Gebet der Mädchen zur Maria*_1909》

오래전입니다
Es ist lang

오래전입니다 — 오래전 일이지요…….
언제인지는 — 말할 수 없습니다.
종소리가 울리고 종달새는 노래 불렀지요—
심장은 행복에 겨워 고동쳤습니다.
싱그러운 산비탈 위로 하늘이
밝게 빛났습니다.
수수꽃다리는 꽃을 활짝 피웠고 —
여름옷을 입은 날씬한 소녀는
눈동자 가득 호기심이 넘쳤습니다…….

오래전입니다 — 오래전 일이지요…….

《꿈의 왕관을 쓰고 Traumgekrönt_1897》

우리 두 사람 생각에 잠겼습니다
Wir saßen beide in Gedanken

우리 두 사람 포도잎 그늘에 앉아 생각에
잠겼습니다.
그대와 나, 우리 두 사람.
머리 위 향기 뿜는 덩굴에서
뒤영벌 한 마리가 윙윙대다 멀어집니다.

반사된 햇살이 형형색색 원을 그리며
잠시 그대의 머리카락에 머물다 갑니다.
"네 눈동자는 정말 예쁘구나."
나지막이 속삭였을 뿐,
나는 아무 말도 못 했습니다.

《꿈의 왕관을 쓰고 Traumgekrönt_1897》

땅은 환한데
Das Land ist licht

땅은 환한데 정자(亭子)는 컴컴하네요.
그대 나직이 말씀하시자 기적이 다가옵니다.
그대가 한마디 하실 때마다 나의 믿음은
기도상이 되어 인적없는 내 오솔길 가장자리
에 우뚝 섭니다.

나 그대를 사랑합니다.
그대는 정원 의자에 누워 있고
그대의 흰 손은 그대 품에서 잠이 들었네요.
내 삶은 은빛 실패처럼 그 손에
쥐여 있습니다. 나의 실을 풀어주세요.

《그대의 축제를 위하여^{Dir zur Feier}_1897~1898 작성 시》

포도 넝쿨 우거진 으슥한 곳에서
꿈을 꿉니다
Ich träume tief im Weingerank

포도 넝쿨 우거진 으슥한 곳에서
나의 금발 소녀와 함께 꿈을 꿉니다.
내 손길의 뜨거운 강요에
요정처럼 가녀린 그녀의 손이 떨립니다.

노란 다람쥐 마냥 빛살은 반사되어 휙 지나가고
보랏빛 그림자가 그녀의 하얀 드레스에
얼룩을 그립니다.

행복의 눈에 덮인 우리 가슴에는
황금빛 햇살의 침묵이 쌓입니다.
벨벳 옷을 입은 어리뒤영벌 한 마리
날아와 윙윙 우리를 축복합니다.

《꿈의 왕관을 쓰고 Traumgekrönt_1897》

봄에선가 꿈에선가
Im Frühling oder im Traume

봄에선가 꿈에선가
나는 그대를 만났습니다. 그 옛날에.
지금 우리는 함께 가을날을 거닐지만
그대 나의 손을 부여잡고 울고 있습니다.

바삐 흘러가는 구름 탓에 우시나요?
피처럼 붉은 낙엽 탓에 우시나요?
아닐 겁니다.
나는 압니다. 그대가 그 옛날 행복했음을.
봄에선가 꿈에선가……

《꿈의 왕관을 쓰고 Traumgekrönt_1897》

나는 홀로 걸어가겠습니다
Ich schreite einsam weiter

나는 홀로 걸어가겠습니다. 나뭇가지 틈에서
몸을 떨며 내게 고갯짓하는 봄을 느낍니다.
그리고 언젠가는 먼지 한 톨 묻지 않은 깨끗한
신을 신고 뜰의 울타리에 서서
기다리겠습니다.

나 그대가 필요하면 그대 오시어,
나의 망설임을 신호라고 생각하시고,
형편없는 덤불을 헤쳐 내게
말없이 활짝 핀 여름 장미를 내미실 겁니다.

《그대의 축제를 위하여 Dir zur Feier _ 1897~1898 작성 시》

그대의 방
Deine Stube

많고 많은 꽃병마다 냉정한 장미가
꽂혀 있던 그대의 방,
그곳 깊숙한 의자에 앉아서
우리 나지막이 노래 가사를 읊었고
나의 눈동자는 그리움에 수줍었지요.

그대의 방은 외딴 예배당,
내가 숨을 곳,
그대의 목소리가 종처럼 울려
내 삶의 축일을 알릴 때까지
나는 문지방에 서서 기다릴 겁니다.

《그대의 축제를 위하여^{Dir zur Feier}_1897~1898 작성 시》

그대를 해돋이라 부를까요,
해넘이라 부를까요?
Nenn ich dich Aufgang oder Untergang

그대를 해돋이라 부를까요,
해넘이라 부를까요?
이따금 아침이 무서워 나는
장미처럼 붉은 여명을 향해 조심스레
손을 뻗으며
노래 한 곡 없이 길기만 할 한낮을 겁내는
불안한 마음을 아침의 피리 소리에서
예감합니다.

그러나 저녁은 온화하고 나의 것입니다.
내가 바라보면 숲은 조용히
내 품에서 잠이 듭니다.

그리고 나마저 수풀 위로 울리는 소리가 되어
내 모든 어둠을 통해
바이올린에 깃든 어둠과 닮아갑니다.

초기 시 모음집
《마리아에게 드리는 소녀들의 기도
Gebet der Mädchen zur Maria_1909》

고독
Die Einsamkeit ist wie ein Regen

고독은 비와 같지요.
바다에서 솟아올라 저녁을 향해 달려갑니다.
멀고 외진 평원에서
늘 고독한 하늘을 향해 달려갑니다.
그리고 하늘에 이르러서야 도시로 떨어집니다.

비는 동틀 녘에 내립니다.
모든 골목이 아침을 향해 몸을 뒤척이는 시간
아무것도 찾지 못한 몸들이
실망으로 슬퍼하며 서로를 놓아주는 시간
미워하는 사람들끼리
한 침대에서 자야 하는 시간.

그때 고독은 강물이 되어 흐릅니다……

《형상시집 Das Buch der Bilder_1906》

그대 내 곁에서 무슨 소리 들으시나요?
Hörst du denn etwas neben mir?

그대 내 곁에서 무슨 소리 들으시나요?
내 목소리 말고 다른 소리도 들리나요?
폭풍이 닥쳤나요? 나도 폭풍입니다.
나의 숲들이 그대에게 손짓합니다.

거기 노래 하나가 있어,
병들고 작은 노래 하나가 있어.
그대가 내 목소리 못 듣게 방해한다면
나 역시 노래이니 내 노래를 들으세요.
한번도 들어본 적 없는 쓸쓸한 나의 노래를.

《기도시집 Das Stunden-Buch_1905》

처음에 나는 그대의 정원이
되고 싶었습니다
Dein Garten wollt ich sein zuerst

처음에 나는 그대의 정원이 되고 싶었습니다.
넝쿨을 키우고 꽃밭을 꾸려
그대의 고운 얼굴에 그늘을
드리우고 싶었습니다.
그래야 그대가 어머니처럼
희미한 미소를 띠며
다시 내게로 돌아오고 싶을 테니까.

허나 그대 오셨다 가셨을 때
그대와 함께 무언가 나의 정원으로
들어왔지요.
그래서 그대가 하얀 꽃밭에서 내게 오라
손짓하면

그것은 나를 붉은 화단으로 오라

외쳐 부릅니다.

> 초기 시 모음집
> 《마리아에게 드리는 소녀들의 기도
> Gebet der Mädchen zur Maria_1909》

봄입니다
Es ist ja Frühling

정말 봄이네요. 정원이 온통 빛으로
반짝입니다.
나뭇가지는 낮은 대기에서
몸을 떨고, 고요는 제 스스로 말을 하지요.
우리의 정원이 꼭 제단(祭壇) 같습니다.

저녁은 얼굴처럼 숨을 쉬고
저녁이 아끼는 바람이 당신의 손처럼
내 머리카락 속에 꽉 끼어 있네요.
내 머리는 화환을 둘렀습니다.

허나 당신은 그것을 보지 못합니다.
그러면 그 어떤 축제도 더는 진짜가 아니지요.

《그대의 축제를 위하여 Dir zur Feier_1897~1898 작성 시》

무슨 일인지 모르겠습니다
Ich weiß nicht, wie mir geschieht

무슨 일인지 모르겠습니다.
내가 어떤 기쁨을 엿듣고 있는지 모르겠습니다.
내 심장은 취한 듯 달아나 버리고
그리움은 한 곡조의 노래 같습니다.

나의 소녀는 명랑한 성품에
머리카락엔 햇살이 넘실댑니다.
그 마돈나의 눈동자는
오늘도 기적을 행한답니다.

《꿈의 왕관을 쓰고 Traumgekrönt_1897》

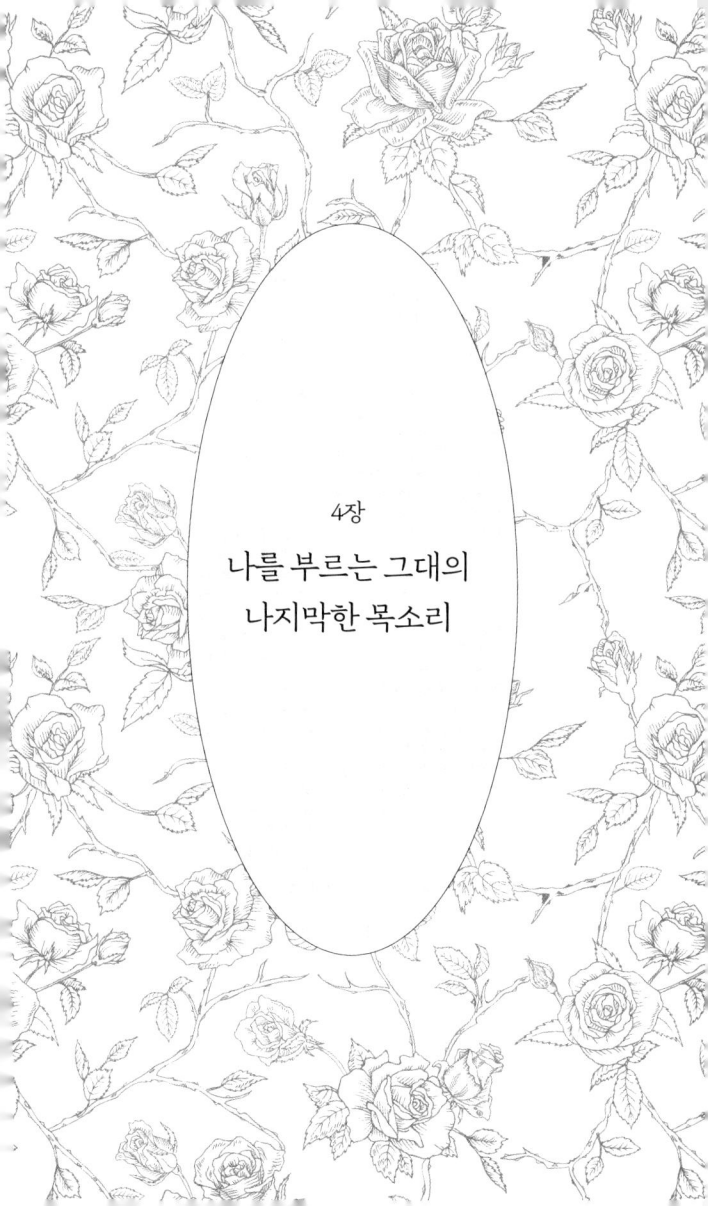

4장

나를 부르는 그대의
나지막한 목소리

이따금 그대 어린아이 같아
Oft scheinst du mir ein Kind

이따금 그대 어린아이 같아, 작은 꼬맹이 같아
내가 심각하고 나이 든 기분이 들어요.
맑은 종소리 같은 그대 웃음소리가
아주 나직이 내 마음에
메아리칠 때면 말이에요.

그러다가도 아이처럼 크게 놀라
휘둥그레진 그대의 눈이 깊고 뜨거워지면
나 그대에게 입 맞추고, 내가 아는
가장 아름다운 동화를 속삭여 주고 싶어요.

《꿈의 왕관을 쓰고 Traumgekrönt_1897》

자장가
Schlaflied

언젠가 내가 당신을 잃는다 해도
당신은 잠들 수 있을까요?
보리수 우듬지처럼 당신의 머리맡에서
속삭여 줄 내가 없어도?

여기 이렇게 깨어
눈꺼풀 마냥
당신의 가슴, 당신의 팔다리, 당신의 입에
말을 새겨 넣는 내가 없어도?

당신을 가두고서
레몬밤과 스타아니스 무성한 뜰처럼
당신을 홀로 두는 내가 없어도?

《신시집 Neue Gedichte_1907》

뜰에는 라일락이 반짝였고
ES leuchteten im Garten die Syringen

뜰에는 라일락이 반짝였고
저녁은 성모송으로 가득 찼지요.
우리는 떨어져서 걸었습니다.
원망하고 화내면서.

태양은 열에 들떠 헛꿈을 꾸다가
저 멀리 잿빛 산비탈 너머에서 숨을
거두었습니다.
이제는 그대의 흰옷도
꽃나무 너머에서 사그라들었고요.

어스름이 차츰차츰 깔렸고,
나는 환한 빛을 오래 보았다가

겁에 질린 아이처럼 몸을 떨며

시름에 잠겼습니다.

지금 내 눈이 멀었나요?

《꿈의 왕관을 쓰고 Traumgekrönt_1897》

그대의 입술이 하는 말
Was deine Lippen sagen

그대의 입술이 하는 말은 낯섭니다.
그대의 머리카락도, 그대의 옷도,
그대의 눈동자가 던지는 질문도 낯섭니다.
요란했던 우리의 날들이 일으킨
잔잔한 물결도 그대의 심오한 기묘함에
가 닿지는 못합니다.

그대는 빈 제단 위에 걸린
그림 속 인물 같습니다.
여전히 두 손을 모은 채로
여전히 낡은 화환을 들고서
기적이 오래전에 사라졌는데도
여전히 작은 기적을 행하는 그 사람 같습니다.

《강림절Advent_1898》

그대는 아시겠지요
Weißt du

그대는 아시겠지요.
떡갈나무 위로 희미한 별이
떴음을 알아차리면
나는 소란스러운 무리에서 슬며시
빠져나오려 합니다.

희끄무레한 저녁 들판,
나는 누구도 가지 않는
길을 고를 것이며,
그대와 함께 가는 이 꿈 말고는
어떤 꿈도 고르지 않을 겁니다.

《강림절Advent_1898》

나의 영혼은 행복을 갈망합니다
Nach einem Glück ist meine Seele lüstern

나의 영혼은 행복을 갈망합니다.
짧고 어리석은 망상을.
샘물의 소용돌이와 소나무의 속삭임에서
나는 다가오는 행복의 소리를 듣습니다.

보랏빛으로 에두른 언덕에서
은빛 조각배가 창백한 푸른 하늘로
헤엄쳐갈 때면
꽃나무의 무거운 그림자 밑에서
나는 다가오는 행복을 바라봅니다.

일요일에 나와 함께
먼지와 수풀을 헤치며 걸었던 사랑,
그 끝나버린 사랑처럼

흰옷을 입고서 가슴에는 그 꽃을,
그 붉은 꽃만을 달았습니다.
행복도 그 붉은 꽃을 달았을까요?

《꿈의 왕관을 쓰고 Traumgekrönt_1897》

나는 아이가 되어 깨어나
So bin ich nur als Kind erwacht

두려움이 사라지고 어두운 밤이 지나면
나는 아이가 되어 깨어나
그대를 다시 볼 것이라 굳게 믿습니다.

얼마나 깊게, 얼마나 오래, 얼마나 멀리
나의 생각이 빗나가는지를 나는 압니다.
허나 그대는 존재하고 존재하며
또 존재합니다.
시간에 에워싸여 몸을 떨면서

지금 나는 아이이자 소년이자 남자이면서
또 그 이상의 존재인 것만 같습니다.
동그라미만이 거듭되는 순환으로
풍요로워짐을 나는 느낍니다.

《기도시집 Das Stunden-Buch_1905》

그렇다 해도 나는
Und dennoch: mir geschieht

그렇다 해도 나는
그를 위해 모든 노래를
내 마음 깊은 곳에 간직해 둔 것 같습니다.

그는 떨리는 수염 뒤에 숨어 입을 다뭅니다.
자신의 선율로
자신을 되찾고 싶은 것입니다.

이제 나는 그의 무릎께로 다가갑니다.
그러면 그의 노래는 살랑살랑 소리내며
다시 그에게로 흘러 들어갑니다.

《기도시집 Das Stunden-Buch_1905》

엄숙한 시간
Ernste Stunde

지금 세상 어딘가에서 우는 이,
까닭도 없이 세상에서 우는 이가 있다면
나를 위해 우는 것입니다.

지금 한밤중에 웃는 이,
까닭도 없이 한밤중에 웃는 이가 있다면
나를 비웃는 것입니다.

지금 세상 어딘가에서 걷는 이,
까닭도 없이 세상에서 걷는 이가 있다면
나를 향해 걷는 것입니다.

지금 세상 어딘가에서 죽어가는 이,
까닭도 없이 세상에서 죽어가는 이가 있다면
나를 바라보는 것입니다.

《형상시집Das Buch der Bilder_1906》

장미에게 배우게 하소서
Laß uns lernen von der Rose

……그리고 흘러내린 그대의 머리카락,
그 머리카락을 낯선 바람의 손에서 빼앗아
한 번 입 맞출 시간만이라도 그것으로
우리를 곁에 있는 자작나무에 묶어주세요.

그러면 우리의 팔다리로
아무런 뜻도 흘러들지 못할 것입니다.
나뭇가지를 흔드는 것
숲이 생각하는 것, 그것이
우리를 휘날려 오르내리게 하겠지요.

아무 뜻도 없는 그것에 더 다가가기를
우리는 인간적으로 열망합니다.

그대가 누구이고 내가 누구인지를

우리로 하여금 장미에게 배우게 하소서…….

《그대의 축제를 위하여Dir zur Feier_1897~1898 작성 시》

나를 부르는 그대의 나지막한 목소리
Leise hör ich dich rufen

온갖 속삭임과 바람결에도
나를 부르는 그대의 나지막한 목소리를
들어요.
나의 소망이 쌓아올린
새하얀 계단을 밟으며
내게로 오는 그대의 발소리를 들어요.

이제 그대는 그대의 길동무를 알고
그가 그대를 사랑하는 것도 알아…… 하여
그의 뜰에는
오래도록 빛을 등진
꽃들이 밤새 활짝 피어납니다.

《그대의 축제를 위하여 Dir zur Feier_1897~1898 작성 시》

시종을 뽑으시렵니까?
Du willst dir einen Pagen küren?

시종을 뽑으시렵니까?
오시어 나를 뽑으세요. 여왕이시여!
옛날 옛적 모험담으로 지은
노래 한 곡조가 현악 연주와 관능으로 내 귀에
울립니다.

나는 하얀 성으로 그대를 모시렵니다.
그곳의 왕은 바로 나이니,
나는 수천 개의 문 너머에서
나의 하얀 여왕을 위해 노래할 것입니다.

《강림절Advent_1898》

언젠가 숲 가장자리에
Einmal, am Rande des Hains

언젠가 숲 가장자리에
우리 둘이서만 함께 서 있겠습니다.
우리는 불꽃처럼 화려하고,
만물이 하나임을 느낍니다.

서로 꼭 껴안으면 우리는
귀 기울이는 땅에 서서
몸을 겹친 나뭇가지들처럼
부드러운 옷 사이로 자랄 것입니다.

잠에서 깬 숨결이 협죽도의
꽃송이들을 흔들 때면
보세요, 우리도 그들과 다르지 않습니다.
우리도 서로를 얼러주니까요.

내 영혼은 느낍니다.
우리가 문고리를 더듬고 있음을.
내 영혼이 쉬면서 그대에게 묻습니다.
"그대가 나를 이리 데려왔나요?"

그러면 그대는 그리도 멋지고
그리도 맑게 미소로 답하고,
우리는 이내 가던 길을 계속 걸어갈 겁니다.
문이 열리고……

이제 더는 겁나지 않습니다.
우리의 길은 고통이 아니고,
지나온 날에서 뻗어나온
기다란 가로수길일 테니까요.

《그대의 축제를 위하여 Dir zur Feier_1897~1898 작성 시》

니케 – 고대의 인물에게
(영웅의 어깨에 앉은 작은 니케)
Der Sieger trug sie

승자가 그녀를 차지했습니다.
그녀는 무거웠을까요?
그의 어깨 위에서 그녀가 예감처럼
흔들거립니다.
나직이 그와 함께 날아오르며
그녀는 그가 꽉 채운 공간을 텅 비웁니다.

그녀는 넓은 공간을 그릇으로 바꿉니다.
그의 행동이 바람에 흩어져 버리지 않도록.
그녀는 신을 향해 날아갑니다. 그녀는 그를
위해 망설이고
그는 그녀를 위해 정도를 따를 겁니다.

《헌시_{Widmungen}_1906~1926 작성 시》*

---

*발표하지 않고 흩어져 있던 시들을 훗날에 모은 시집 – 옮긴이.

옮긴이의 글

　대부분이 그럴 것이다. 내게도 릴케는 장미를 손에 들고 찾아왔다. 묘비명마저 "장미여!"로 시작하는, 장미를 너무도 사랑하여 장미 가시에 찔려 죽었다는 (물론 그의 진짜 사인은 백혈병이었지만) 낭만적인 장미의 시인으로 말이다.

　　장미여, 오 순수한 모순이여,
　　이리도 많은 눈꺼풀 아래
　　누구의 것도 아닌 잠이 고픈 마음이여
　　　　　　　　　　　-릴케의 묘비명-

그는 풍성한 장미 꽃다발을 건네는 낭만적인 사랑의 시인이었다. 루 살로메라는 한 여인을 미치도록 사랑하여서, 귀를 막고 팔을 부러뜨려도 그녀를 향해 가겠다고 절규한 진정한 사랑의 화신이었다. 그런가 하면 그는 가을의 시인이었다. 쓸쓸한 가을의 정취를 흩뿌리면서도 위대했던 지난여름의 노고를 잊지 않고 감사할 줄 아는, 고독하되 마음 따뜻한 가을 남자였다. 이렇듯 콧수염 기른 심각한 표정의 이 독일 시인은 감상적이고 순수하며 낭만적인 첫인상으로 내게 다가왔다.

가을날

주여, 때가 왔습니다. 여름은 참으로
위대했습니다.
당신의 그림자를 해시계 위로 던지시고
들판에 바람을 풀어놓아 주소서.

남은 과일에게 여물라 명하시고
이틀만 더 남국의 날을 베푸소서.
무르익으라 과일을 채근하시고
무거운 포도송이에 마지막 단맛이
깃들게 하소서.

지금 집이 없는 사람은 더는 집을 짓지
않습니다.
지금 혼자인 사람은 오래도록
혼자일 것이며
깨어나 글을 읽고 긴 편지를 쓸 것이고
낙엽이 굴러다닐 때
불안스레 가로수 길을 이리저리
배회할 것입니다.

《형상시집》

 그러나 어른이 되어 다시 만난 릴케는 연애 감정에 취해 사랑 타령만 늘어놓는 감상적인 시인이 아니었다. 그는 예술과 존재를 탐구하고 영성을 추구했으며 인간 존재의 근원을 캐물었던 엄숙한 시인이었다. 물론 초기 시집들, 《가신에게 바치는 제물》, 《꿈의 왕관을 쓰고》, 《강림절》, 《나의 축제를 위하여》 등에서는 아직 감상적이고 몽상적인 정서가 강했지만, 1897년에 루 살로메를 만나고 함께 러시아 여행을 하면서 그곳의 광활한 자연을 접한 후 그의 시는 위대한 신과 인간 존재를 고민하게 된다. 이후 릴케는 화가들의 마을인 보르프스베데에서 화가들과 어울려 살며 예술과 예술가들의 삶을 경험하였고 파리에서 조각가 로댕의 비서로 일하면서는 조형예술의 세계를 접하기도 했다. 그런 다채로운 경험은 가난과 죽음을 노래하고 신과 우주와 존재를 고민하며 사물과 형식, 언어에 집중한 중기 작품들, 《형상시집》, 《기도시집》, 《신시집》 등에 깊게 녹아들었다. 특히 하나의 대상을 세밀히 관찰하고 그것의 움직임이나 특징, 본질을 아름다운 시어에 담으면서도 그 대상이 인간 존재와 인간 언어에 갖는 의미를 치열하게 고민한 사물시는 형식과 내용 모두에서 혁신적인 작품들이었다.《신시집》에 실린 〈표범〉은 릴케 사물시의 수작으로 꼽힌다.

표범

눈앞을 스쳐 지나가는 창살에 지쳐
녀석의 눈에는 이제 아무것도
보이지 않습니다.
수 천 개의 창살만 있고
그 수 천의 창살 뒤로는 아무런 세상도 없
는 것 같습니다.

작디 작은 원을 그리며 맴을 도는
유연하게 힘찬 발걸음의 그 부드러운
걸음걸이는

거대한 의지가 굳어 멈춘 중심을

빙빙 도는 힘의 춤과 같습니다.

다만 가끔 동공의 커튼이

소리없이 걷힐 때면

 형상 하나 그리로 들어가

사지의 긴장한 고요를 뚫고 지나다가

심장에 이르러 사그라집니다.

《신시집》

   그리고 마침내 위대한 말년의 작품들,《두이노의 비가》,《오르페우스에게 바치는 소네트》등이 탄생한다. 중기 시집에서부터 나타나던 형식과 내용의 여러 특징, 즉 존재와 죽음, 시간과 무한, 자아와 예술에 대한 심오한 사유, 초월성과 영성의 추구, 구분 없이 이어지는 장편의 연작시 형식 등이 더욱 발전되고 성장하여 실로 위대한 작품들이 태어난 것이다.

모든 이별에 앞서가세요.
때마침 지나가는 겨울처럼
그 이별이 그대 뒤에 있기라도 한 양.
그 많은 겨울 중 하나는 이토록 끝없는
겨울이라서
겨울을 나며 그대 마음은 그저 견뎌야
할 것입니다.

영원히 에우리디케 안에 죽어 있으세요.
더 많이 노래하고
더 많이 찬미하며 위로 올라 다시금
순수한 관계로 돌아가세요
여기, 사라지는 것들 틈에, 쇠락의 왕국에
머무르세요.
소리를 내며 깨져서 울리는 유리잔이
되세요.
존재하면서도 비(非)존재의 조건을
잊지 마세요.

그대의 마음을 흔드는 그 무한의 근거를.

그리하면 그대 이 단 한 번의 삶에서 온전히 흔들릴 것입니다.

그득한 자연의 쓰고 남은 재고품은

물론이고

묵묵히 말이 없는 재고품에 이르기까지,

그 무한의 총액에

환호하며 그대를 덧셈하고 숫자는

지워버리세요.

《오르페우스에게 바치는 소네트 2부》

이렇듯 릴케가 우리에게 남긴 시의 바다는 실로 거대하지만, 이 책은 우리의 《불멸의 연애》 시리즈에 맞추어 사랑의 시들만을 골라보았다. 사랑이라니, 당연히 달콤한 첫사랑, 떨리는 입맞춤, 연인과 함께 맞이한 봄 햇살처럼 황홀하고 따스한 순간들도 담았고, 거리에 나뒹구는 낙엽처럼 황량하고 쓸쓸한 이별과 고독의 시간도 되새겨

보았다. 가끔은 누구에게 바친 시인지, 사랑하는 여인인지, 신인지, 자연인지 헷갈리는 작품도 있을 것이다. 그래도 분명한 것은 이 모든 시가 결국은 사랑을 찬탄하고 외쳐 부른다는 사실이다. 사랑이란 존재처럼 멈추어 있지 않고 자꾸만 자라고 확장하는 것이기 때문이다. 나에게서 너에게로, 우리에게로, 세상에게로, 만물과 우주와 신에게로 끝없이 뻗어 나가는 것이기 때문이다.

사물들 위로 뻗어 나가며 자라는
동그라미들 속에서 나는 살고 있습니다.
아마도 마지막 동그라미는
완성하지 못할 테지만
그래도 힘껏 노력해보려 합니다.

나는 신을, 태곳적 탑을 맴돕니다.
수천 년 동안 맴돕니다.
그래도 여전히 모르겠습니다.

내가 매인지 폭풍인지

위대한 노래인지.

《기도시집》

   그러하니, 이 책에 실린 아름다운 사랑의 시들이 그대의 가슴에서도 작은 사랑의 불씨 하나 돋굴 수 있다면 참 좋을 것 같다. 그 사랑이 활짝 피어나, 나를 넘어 너에게로, 우리에게로 확장될 수 있다면. 마침 우리의 계절 역시 지난여름의 노고를 뒤돌아보며 수굿이 고개 숙일 시간이다. 사랑의 의미와 자연의 위대함을 새삼 깨닫고 잠시 하던 일을 멈추고 생각에 잠길 시간이다. 릴케의 시야말로 그 시간의 안성맞춤 짝꿍이 아닐까.

2025년 가을

장혜경

불멸의 연애 시리즈 05
사랑이 어떻게 그대에게 왔던가요

초판 1쇄 발행 2025년 12월 10일

지은이 라이너 마리아 릴케
옮긴이 장혜경
펴낸이 이혜경
기획 · 관리 김혜림
편집 변묘정, 박은서
디자인 여혜영
마케팅 양예린

펴낸곳 니케북스
출판등록 2014년 4월 7일 제300-2014-102호
주소 서울시 종로구 새문안로 92 광화문 오피시아 1717호
전화 (02) 735-9515
팩스 (02) 6499-9518
전자우편 nikebooks@naver.com
블로그 blog.naver.com/nikebooks
페이스북 facebook.com/nikebooks
인스타그램 (니케북스) @nike_books
(니케주니어) @nikebooks_junior

ⓒ 니케북스 2025

ISBN 979-11-94706-26-7 02850

책값은 뒤표지에 있습니다.
잘못된 책은 구입한 서점에서 바꿔드립니다.

장혜경

연세대학교 독어독문과를 졸업하고, 동 대학원에서 박사 과정을 수료하였다. 독일 학술교류처 장학생으로 하노버에서 공부했으며, 현재 전문 번역가로 활동 중이다. 《내가 누구인지 아는 것이 왜 중요한가》, 《황야의 이리》, 《데미안》, 《변신》, 《나무수업》, 《우리는 여전히 삶을 사랑하는가》 등 많은 책을 우리 말로 옮겼다.